Ramadán y el Eid al-Fitr

Nancy Dickmann

Heinemann Library
Chicago, Illinois

www.heinemannraintree.com

Visit our website to find out more information about Heinemann-Raintree books.

To order:

☎ Phone 888-454-2279

💻 Visit www.heinemannraintree.com to browse our catalog and order online.

Edited by Sian Smith, Nancy Dickmann, and Rebecca Rissman
Designed by Steve Mead
Picture research by Elizabeth Alexander
Production by Victoria Fitzgerald
Originated by Capstone Global Library Ltd
Printed and bound in China by South China Printing Company Ltd
Translation into Spanish by DoubleOPublishing Services

The content consultant was Richard Aubrey. Richard is a teacher of Religious Education with a particular interest in Philosophy for Children.

14 13 12 11 10
10 9 8 7 6 5 4 3 2 1

Library of Congress Cataloging-in-Publication Data
Dickmann, Nancy.
  [Ramadan and Id-ul-Fitr. Spanish]
  Ramadán y el Eid al-Fitr / Nancy Dickmann.
    p. cm.—(Fiestas)
  Includes bibliographical references and index.
  ISBN 978-1-4329-5379-9 (hc)—ISBN 978-1-4329-5398-0 (pb)
1. Ramadan—Juvenile literature. 2. 'Id al-Fitr—Juvenile literature. 3. Fasts and feasts—Islam—Juvenile literature. I. Title.
  BP186.4.D5518 2011
  297.3'62—dc22   2010034150

Acknowledgments
We would like to thank the following for permission to reproduce photographs: Alamy pp. **5** (© Louise Batalla Duran), **8** (© T. Kopecny), **10** (© Art Directors & TRIP), **11**, **23 top** (© imagebroker), **15** (© David Noble Photography), **19** (© Sally and Richard Greenhill); Corbis pp. **4**, **23 bottom** (© epa), **20** (© Arshad Arbab/epa); Getty Images pp. **13** (Gen Nishino/Taxi), **14** (Chumsak Kanoknan), **16** (Marco Di Lauro/The Image Bank), **18** (arabianEye); Photolibrary pp. **7** (Paul Thuysbaert/GraphEast), **21** (Corbis); Shutterstock pp. **6** (© Distinctive Images), **9** (© Dennis Albert Richardson), **12** (© Kate Fredriksen), **22 left** (© gpalmer), **22 right** (© Faraways), **23 middle** (© Serp); World Religions Photo Library p. **17**.

Front cover photograph of Muslims celebrating the end of Ramadan, Colombo, Sri Lanka reproduced with permission of Photolibrary (Dominic Sansoni/Imagestate RM). Back cover photograph reproduced with permission of Alamy (© Art Directors & TRIP).

We would like to thank Diana Bentley, Dee Reid, Nancy Harris, and Richard Aubrey for their invaluable help in the preparation of this book.

Every effort has been made to contact copyright holders of any material reproduced in this book. Any omissions will be rectified in subsequent printings if notice is given to the publisher.

Contenido

¿Qué es una fiesta?

Una fiesta es una ocasión en que las personas se reúnen para celebrar.

Los musulmanes celebran Ramadán y
Eid al-Fitr.

Ramadán

Para los musulmanes, Ramadán es el mes más sagrado.

Es una época para sentirse cerca de
Alá, o Dios.

Las personas rezan durante Ramadán.

Rezan en una mezquita.

Pueden comer antes de que salga el sol.

No deben comer ni beber durante el día.
Esto se llama ayunar.

Pueden comer de nuevo cuando se
pone el sol.

El Ramadán dura un mes.

Eid al-Fitr

Al final de Ramadán, los musulmanes celebran el Eid al-Fitr.

luna nueva

Las personas esperan hasta ver la luna nueva.

mezquita

Después van a la mezquita para rezar.

Pueden dejar de ayunar. Pueden comer
en cualquier momento del día.

Visitan amigos y parientes.

Comparten una comida especial.

Dan comida a los pobres.

Comparten meriendas, caramelos
y regalos.

Buscar y ver

luna nueva

caramelos

¿Has visto estas cosas? Hacen que las personas piensen en Ramadán y en el Eid al-Fitr.

22

Glosario ilustrado

 **ayunar** no comer ni beber

 **mezquita** edificio en que los musulmanes practican sus ceremonias religiosas

 **musulmanes** personas que siguen las enseñanzas de la religión del islam

Índice

Nota a padres y maestros

Antes de leer

Pida a los niños que enumeren tantas fiestas como puedan. Observen juntos la lista y comente qué fiestas son religiosas. Explique que Ramadán y el Eid al-Fitr son fiestas que celebran los musulmanes, quienes siguen la religión del islam. Ramadán es una época sagrada para los musulmanes porque los versos del Corán (el libro sagrado de los musulmanes) se le revelaron al profeta Mahoma durante ese mes. Leer el Corán es una parte importante del Ramadán. La fiesta del Eid al-Fitr tiene lugar después de Ramadán y significa "fiesta del final del ayuno".

Después de leer

• Explique que pensar en los pobres es otra parte importante del Ramadán y que ayunar (explicado en la página 11) puede ser una manera de recordar cómo viven los pobres. Pregunte a los niños si pueden pensar en maneras de ayudar a los pobres que viven en el área local.

• Pregunte a los niños si hay cosas que les resultaría difícil dejar. Anímelos a escoger algo (como los videojuegos o las meriendas) para dejar durante un día o una semana. Después, comenten cómo fue dejar algo que deseaban. Explique que durante el Eid al-Fitr, los musulmanes agradecen a Alá por la ayuda y la fortaleza que les dio durante el Ramadán para que pudieran practicar el autocontrol.